Geht es Ihnen auch so? Wenn die ersten Krokusse neugierig aus der Erde blitzen und uns die Sonne wieder wärmend anstrahlt, dann möchte man sich auch Farbe und Fröhlichkeit in die eigenen vier Wände holen.

Für diesen Fall finden Sie viele kunterbunte und frühlingshafte Deko-Ideen auf den folgenden Seiten. Ob Hühner, Hasen oder Schäfchen, alle diese Motive können ganz fix aus Fotokarton, zarten Transparentpapieren oder Krepppapier gebastelt werden und verschönern anschließend Ihre Fensterscheiben, Zimmertüren oder Wände.

Machen Sie sich also gleich ans Werk und holen Sie sich den Frühling in Ihr Zuhause!

Viel Spaß dabei wünscht

Christiane Steffan

Biker-Bunny
rasante Fahrt mit Huhn und Ei

MOTIVHÖHE
ca. 30 cm

MATERIAL
* Fotokarton in Silber, A3
* Fotokarton in Schwarz und Braun, A4
* Fotokartonreste in Blau, Rosa, Lila, Weiß, Rot, Orange und Hellgrün
* Regenbogenkartonrest im Gelb-Rot-Verlauf
* 3 Acrylhalbperlen in Transparent gefrostet, ø 6 mm
* Organzaband in Weiß, 7 mm breit, 20 cm lang
* Bast in Schwarz, 20 cm lang
* 2 Knöpfe in Rot, ø 2 cm

VORLAGE
Bogen 1A

1 Alle Teile nach der allgemeinen Anleitung zuschneiden. Die silbernen Motorradteile mit Bleistift schattieren und mit schwarzem Filzstift und weißem Lackmalstift gestalten.

2 Das vordere Schutzblech nach Vorlage aufkleben und beide Knöpfe mit Heißkleber fixieren. Den Tank aus Regenbogenkarton sowie das zweiteilige Licht am Motorrad befestigen und von hinten die beiden Reifen ergänzen. Den orangefarbenen Kreis fixieren, darauf den silbernen Kreis setzen und zuletzt den roten Sitz aufkleben.

3 Bunnys Körperteile mit Buntstiften in Braun und Rot schattieren und Mund, Schnurrhaare und Augen mit Filzstift aufmalen. Auf das Kopf/Arm-Teil die Nase und das Hemd kleben und das zweite Ohr von hinten ergänzen. Den Armreif mit Halbperlen bekleben und anbringen.

4 Die Bikerweste von der Rückseite her mit Bastfransen bekleben und diese etwas zurechtschneiden. Die Weste auf das Hemd kleben und das Halstuch von oben ergänzen. Die Jeanshose mit Blau schattieren, mit weißem Lackmalstift doppelte Nahtreihen aufmalen und dann die Hose von unten am Hemd festkleben. Das Bein nach Vorlage an der Hose fixieren.

5 Den Biker-Bunny so auf das Motorrad kleben, dass er mit der Hand den Lenker hält und mit dem Fuß an das Pedal reicht. Ein gepunktetes Ei vor den Lenker kleben und mit einer Schleife aus Organzaband festbinden. Ein zweites Ei hinter dem Hasen platzieren.

6 Das Huhn bemalen, mit Schnabel, Kamm und Auge bekleben und beidseitig die Beine anbringen. Dann am Ende des Sitzes ankleben und los geht die Fahrt!

RASENDER HASE

ENTEN

Die roten Wangen können Sie mit Buntstiftabrieb (siehe Anleitung auf Umschlagseite) gestalten.

Die Haare dieser Ente treten besonders plastisch hervor, wenn Sie entlang der Konturen eingeschnitten werden.

Die Seerosen können Sie beliebig auf dem Seerosenblatt arrangieren.

Badeenten

planschen im Baggersee

MOTIVHÖHE
ca. 23 – 25 cm

MATERIAL
* Fotokarton in Weiß, A4
* Fotokartonreste in Gelb, Rot, Pink, Grün und Lila
* 3 Strasssteine in Transparent, ø 1 cm

VORLAGE
Bogen 1A

1 Die Einzelteile für die Badeenten nach Anleitung zuschneiden. Die Enten mit gelbem Buntstift schattieren und rote Bäckchen aufmalen. Die Augen mit schwarzem Filzstift auftragen.

2 Die Kopfhaare der einen Ente mit dem Cutter einschneiden und etwas hochbiegen. Die orange schattierten Schnäbel und Füße nach Vorlage an den Körpern anbringen.

3 Den roten Schwimmreifen mit deckenden rosa Lackmalstiftpunkten bemalen. Den pinkfarbenen Reifen mit rotem Filzstift gestalten und beide Reifen auf bzw. unter die Entenkörper kleben. Die jeweils zweiteiligen Stöpsel zusammensetzen und an den Schwimmreifen anbringen.

4 Die Seerosen aus je zwei Blüten in Pink und Lila versetzt zusammenkleben und in der Mitte einen Strassstein fixieren. Die einteiligen Blätter mit grünem Buntstift schattieren. Alle Motive bunt gemischt am Fenster arrangieren.

Vergnügtes Trio

gönnt sich ein Päuschen

MOTIVHÖHE
ca. 36 cm

MATERIAL
- Fotokarton in Grün, A4
- Fotokartonreste in Hellgrün (Tasche), Dunkelgrün, Hautfarbe, Weiß, Rot, Blau, Türkis, Orange, Eierschalenfarbe und Gelb
- Wellpappe in Braun, A4
- Prägekartonrest mit Streifenmuster in Orange
- Musterkartonrest mit Blümchen in Orange
- Glasnugget in Rot, ca. ø 1,8 cm
- 2 Wattemöhren, 2 cm lang
- Papierdraht in Orange, ø 0,2 mm, 2 x 4 cm lang
- 2 Glasperlen in Orange, ø 8 mm

VORLAGE
Bogen 1B

1 Alle Einzelteile ausschneiden. Den Zwergenkopf mit Bunt- und Filzstiften bemalen und als Nase den Glasnugget aufkleben (Heißkleber). Den Kopf auf dem Bart fixieren und darüber die Mütze ergänzen.

2 Das türkisfarbene Hemd vor dem Ausschneiden mit Buntstiftkaros bemalen. Die Latzhose auf das Hemd kleben, aber die Arme dabei noch nicht mit festkleben. Den Kopf auf dem Körper fixieren. Die hellgrüne Tasche mit Lackmalstiftnähten bemalen, rund biegen und die Möhren darunter ankleben. Die Tasche auf der Hose befestigen und von hinten die Beine ergänzen.

3 Die Turnschuhe mit weißem Lackmalstift bemalen und die bemalten Sohlen ergänzen. Die Schuhe auf die Beine kleben.

4 Die Körperteile des Salamanders mit schwarzen Filzstiftflecken bemalen. Das Muster hierzu mit Transparentpapier auf die Kartonteile übertragen (siehe TOPP-Tipps). Den Kopf mit Mund und Bäckchen bemalen und ein grün umrandetes Auge von vorne, das andere von hinten ergänzen.

5 Die Hose auf den Salamanderkörper kleben und darauf das zweite Bein befestigen. Den Salamander zwischen den Arm und den Körper des Zwerges kleben und den zweiten Arm so anbringen, dass er sich auf dem Knie des Zwerges abstützt. Den Schwanz hinter der Zwergenhose platzieren.

6 Das Schneckenhäuschen einschneiden und auf die Schnecke kleben. Hierzu in der Mitte Klebepads verwenden. Das Gesicht der Schnecke gestalten und von hinten die Fühler mit den aufgeklebten Perlen ankleben. Die Schnecke zwischen Arm und Körper des Zwerges fixieren. Die Zwergenarme nun endgültig auf der Rückseite festkleben.

7 Zuletzt den Wellpappestiel mit dem zweiteiligen Rechen versehen und nach Vorlage hinter die Figuren kleben.

„Öfter mal was Neues"

Ich finde es schön, immer mal neue, interessante Tiere darzustellen, die es noch nicht so oft als Fensterbild gab. Der Salamander ist so ein Tier. Eigentlich ist er ja schwarz mit gelben Punkten, aber andersherum ist er leichter zu bemalen.

GARTENZWERG, SALAMANDER & SCHNECKE

FÜR FENSTER UND TISCH

Zwei Hühner

im Eierlegestress

MOTIVHÖHE
Fensterbild ca. 24 cm
Körbchen ca. 16,5 cm

MATERIAL
FÜR ALLE MOTIVE
* Fotokartonreste in Rot und Gelb
* Tonpapierrest in Weiß

FENSTERBILD
* Fotokarton in Weiß, A4

KÖRBCHEN
* Fotokarton in Weiß, A3
* evtl. Falzbein

EIERBECHER
* 2 Klebepunkte in Weiß, ø 8 mm

VORLAGEN
Bogen 1B+2A

Fensterbild

1 Alle Einzelteile für das Huhn aus Fotokarton, die Flügel aus Tonpapier zuschneiden. Die weißen Körperteile mit gelbem Buntstift schattieren.

2 Den Schnabel mit orangefarbenen Filzstiftstreifen bemalen und den Kamm mit roten Punkten versehen. Beides hinter dem Kopf platzieren und von oben das hellblau umrandete Auge aufsetzen. Den Kopf auf dem Körper fixieren und das rechte Bein von vorne bzw. das linke von hinten ankleben.

3 Den Flügel nach Vorlage in viele schmale Streifen schneiden. Um Locken zu erhalten, jeden Streifen fest um ein Schaschlikstäbchen wickeln und wieder lösen. Den fertigen Flügel auf dem Huhn festkleben. Da die gelockten Flügel plastisch abstehen, sollten Sie das Huhn nicht direkt am Fenster, sondern mit Nylonfaden am Rahmen aufhängen.

Körbchen

1 Das Körbchen nach Vorlage ausschneiden und alle gestrichelten Linien mit der Schere anritzen oder dem Falzbein andrücken und hochbiegen. Die Seitenteile an den Klebekanten in das Körbchen kleben.

2 Die Köpfe ebenso wie beim Fensterbild arbeiten (einer ist seitenverkehrt!) und rechts und links auf das Körbchen kleben. Von innen jeweils einen weiteren Kopf deckungsgleich anbringen, damit die Rückseiten von Kamm und Schnabel verdeckt sind.

3 Zwei Flügel wie oben beschrieben anfertigen (1x seitenverkehrt) und von außen am Körbchen fixieren.

Eierbecher

1 Den Hühnerkopf aus Tonpapier zu einer Spitze biegen und zusammenkleben. Sechs Tonpapierstreifen über einem Schaschlikstäbchen zu Locken formen und jeweils drei an jeder Seite unter den Kopf kleben.

2 Den roten Kamm sowie den Schnabel bemalen, zusammenkleben und auf dem Kopf fixieren. Die Klebepunktaugen ergänzen.

3 Den gelben Kartonstreifen rund biegen und an den Kanten zum Eierbecher zusammenkleben. Nun können Sie ein Ei hineinstellen und das Huhn von oben aufsetzen.

> „Hühner mag ich besonders gern."
>
> Wir haben selber zwei, und es ist immer wieder schön, ihnen beim Rumstolzieren und Picken zuzusehen. Und um Frühstückseier brauchen wir uns keine Sorgen zu machen …

Zauberhafte Schmetterlingsdame
filigran und glitzernd

MOTIVHÖHE
ca. 29 cm

MATERIAL
* Fotokarton in Pink, A4
* Fotokartonreste in Weinrot, Flieder, Blau, Hellgrün, Hautfarbe, Weiß und Gelb
* Musterkartonrest in Rosa kariert
* Transparentpapier in Rosa, A3
* Glitterkleber und Glitter in Rosa, Hellblau und Hellgrün
* Strassstein irisierend, ø 1,5 cm
* Lackdraht in Schwarz, ø 0,5 mm, 2 x 7 cm lang
* Glasschliffperlen in Blautönen, je 2 x ø 7 mm und 8 mm

VORLAGE
Bogen 2A

1 Alle Teile für den Schmetterling aus Karton zuschneiden. Die Flügel und Arme jeweils einmal seitenverkehrt anfertigen. Die filigranen Flügelmuster mit weichem Bleistift auf Transparentpapier übertragen, umdrehen und mit hartem Bleistift auf den Karton durchpausen. Die Muster mit dem Cutter ausschneiden.

2 Einige Punkte und Blümchen in den Flügeln mit Glitterkleber ausfüllen, mit Glitter bestreuen und gut trocknen lassen (ca. 2–3 Stunden). Den restlichen Glitter auf ein gefaltetes Papier schütten und damit wieder in das Röhrchen füllen. Auch das Punktemuster auf dem Körper sowie die rosa Bäckchen mit Glitter gestalten und trocknen lassen.

3 Den Schmetterlingskopf mit Mund und Augen versehen und die Nase sowie die Haare aufkleben. Den Kopf hinter das grüne Oberteil kleben und dieses auf dem Körper anbringen. Die Arme von hinten ergänzen und ein mit dem Strassstein verziertes Blümchen in der Hand befestigen. Auf dem Hals den karierten Kragen fixieren.

4 Die vier Flügelteile mit rosa Transparentpapier hinterkleben und hinter dem Schmetterlingskörper anbringen. Die Drahtstücke als Fühler hinter den Kopf kleben und die Perlen mit etwas Heißkleber darauf fixieren.

Meine Tipps für Sie

Eierbecher aus Papier Der kleine Schmetterling wird mit dem Cutter ausgeschnitten und in der Mitte gefaltet. Er lässt sich gerne auf einem Blüten-Osterei nieder. Die Blätter des Blüten-Eierbechers sollten Sie erst mit dem Falzbein abrunden und dann zum Ring kleben.

Einladungskarte gestalten Die kleine Karte wird zusätzlich mit einem Band und einem fertigen Einladungsschild geschmückt. In Höhe des Bandes einen Schlitz in die Kartenfalte schneiden, Band durchstecken und beide Enden innen festkleben.

SÜSSER FALTER

Jonglierende Hasenfee
im zarten Transparentkleid

MOTIVHÖHE
ca. 39 cm

MATERIAL
* Fotokarton in Weiß, A4
* Fotokartonreste in Dunkelgelb, Hellgrün, Pink und zwei Orangetönen
* Transparentpapier mit Herzchenmuster in Orange, A4
* Transparentpapierrest in Hellblau
* Motivlocher: Herz, ø 1,5 cm

VORLAGE
Bogen 2B

1 Alle Einzelteile für die Hasenfee nach der allgemeinen Anleitung zuschneiden (siehe Anleitung auf Umschlagseiten). Das Kopf/Arm-Teil mit Buntstiften schattieren und Mund, Augen und Brauen mit schwarzem Filzstift aufmalen. Die Nase aufkleben und mit Lackmalstift einen weißen Lichtpunkt setzen.

2 Das Kleid mit roter Farbe schattieren und die Transparentpapierärmel von hinten ergänzen. Den Kragen auf dem Kleid befestigen, vorher mit dem Motivlocher ein Herz ausstanzen. Das Kopf/Arm-Teil hinter das Kleid kleben und zwei blaue Transparentpapierflügel von hinten hinzufügen.

3 Für den Überrock drei gleiche Transparentpapiereier zuschneiden und diese, wie in der Abbildung zu sehen, schräg versetzt unter den pinkfarbenen Gürtel kleben. Den Überrock auf dem Kleid fixieren und die mit den Schuhen beklebten, graziös überkreuzten Beine von hinten ergänzen.

4 Eine Handtasche an den Beinen fixieren sowie zwei mit Lackmalstiftpunkten bemalte Eier hinter die Hände kleben.

5 Die zarte Hasenfee nun noch mit zwei Röschen schmücken. Hierfür die obere Lage der zweiteiligen Rosen mittig einschneiden, bemalen und auf die andersfarbige untere Lage kleben. Ein oder zwei grüne Blätter hinzufügen und die Rosen auf Kopf und Handtasche fixieren.

Mein Tipp für Sie

Variante gefällig? Mit den Rosen können Sie auch Eier oder romantische Osterstraußanhänger verzieren. Die Anhänger einfach doppelt arbeiten und mit weißen Lackmalstiftmustern oder einem Transparentpapierstreifen schmücken. Obenauf jeweils eine Rose anbringen. Beim Zusammenkleben beider Eier eine Nylonfadenschlaufe zum Aufhängen nicht vergessen!

BEZAUBERNDE HÄSIN

AUSGELASSEN UND FRÖHLICH

An der Nase der Kuh und der Blüte der Blume können Sie recht gut den plastischen Effekt erkennen, der mithilfe der Klebepads erzielt wird.

Glückliche Kuh

beim Bockspringen

MOTIVHÖHE
ca. 38 cm (Kuh 24 cm)

MATERIAL
* Fotokarton in Weiß, A3
* Fotokartonreste in Flieder, Hautfarbe, Hellgrün und Rosa
* Prägepapierreste mit Streifenmuster in Blau und Orange
* Transparentpapierrest mit Blumen (Vergissmeinnicht) in Blau

VORLAGE
Bogen 2B

1 Alle Teile für das Motiv zuschneiden. Alle weißen Körperteile für die Kuh mit hautfarbenem Buntstift schattieren und die Flecken, Hufe und den Schwanz mit schwarzem Filzstift aufmalen.

2 Die hautfarbene Schnauze ebenso mit Stiften gestalten und auf dem Kopf fixieren. Die Augenpartie etwas mit Hellblau schattieren und darauf die Augen anbringen. Die Hörner von hinten ergänzen.

3 In das Hemd Schlitze einschneiden, die beiden Arme durchschieben und von hinten ankleben. Das fertige Hemd sowie das rosa schattierte Euter auf dem Körper befestigen. Den zweiteiligen Transparentpapierschal zuschneiden und ein Teil auf, das andere Teil hinter dem Hals festkleben.

4 Die Zaunteile mit Lila schattieren, schwarze Nägel aufmalen und mithilfe der Vorlage zusammenkleben. Die zweiteilige Blume zusammensetzen und so hinter den Zaun kleben, dass ein Blatt zwischen den Zaunbrettern heraussteht.

5 Die Kopfhaare der Gans mit dem Cutter einschneiden und etwas hochbiegen. Die Augen mit Filzstift aufmalen und den Schnabel von hinten ergänzen. Zuletzt die erstaunte Gans auf dem Zaun befestigen und die Kuh am Fenster losspringen lassen.

Gelbes U-Boot

mit Fröschen auf Tauchgang

MOTIVHÖHE
ca. 28,5 cm

MATERIAL
* Fotokarton in Gelb und Pink, A3
* Wellpappe in Rot, A3
* Fotokartonreste in Hell- und Mittelorange, Hell- und Mittelblau, Hellgrün, Flieder, Lila, Rosa, Weiß und Schwarz
* Musterkartonrest in Orange mit weißen Blumen
* 20 Acrylhalbperlen in Blau gefrostet, ø 6 mm
* 2 Wackelaugen, ø 5 mm
* Motivlocher: Blüte, ø 2,5 cm

VORLAGE
Bogen 3A

1 Alle Kartonteile nach der allgemeinen Anleitung (siehe Umschlagseiten) zuschneiden und mit Buntstiftabrieb kräftig schattieren.

2 Das U-Boot mit hellblauen Bullaugenumrandungen versehen und die Halbperlen darauf fixieren. Einen Wellpappestreifen aufkleben und mittig darauf einen mit Lackmalstiftpunkten bemalten Kartonstreifen befestigen. Vorne und hinten jeweils eine Spitze ankleben.

3 Das zweiteilige Licht zusammensetzen, mit goldenem und weißem Lackmalstift verzieren und auf die vordere Spitze setzen. Auf der hinteren Spitze die aus vier Teilen (siehe Vorlage) zusammengesetzte Schiffsschraube fixieren. Das Fernrohr mit einem schwarzen Kreis bemalen und hinter dem Boot ankleben.

4 Den Frosch mit Filz- und Lackmalstift bemalen und Kartonauge und Schal aufkleben. Den Frosch hinter das große

ENTDECKER DER UNTERWASSERWELT

Bullauge setzen und das Steuerrad dahinter ergänzen. Hinter dem kleinen Bullauge einen Blumentopf befestigen, den Blumenstängel mit einer Blüte versehen und dahinter fixieren.

5 Den schnorchelnden Frosch ebenso mit Lackmal- und Filzstift bemalen und Auge, Badehose und Schwimmflosse aufkleben. Das zweite Bein mit Schwimmflosse von oben ergänzen. In den Mund einen Schlitz einschneiden, den Schnorchel einstecken und von hinten festkleben.

6 Die kleinen Fische mit weißem und rosa Lackmalstift sowie schwarzem Filzstift bemalen und die Wackelaugen aufkleben.

Blühende Fensterbank
kein Blumengießen nötig

MOTIVHÖHE
Stecker ca. 25–30 cm
gesamt ca. 32 cm

MATERIAL
- Fotokarton mit Blätterranken in Rot, A4
- Fotokarton in Weiß, A4
- Fotokartonreste in Lila, Gelb, Hellblau, Orange und Hellgrün
- Krepppapier in Lila, Hellblau, Gelb, Weiß und Rot-Weiß gepunktet
- Papierdraht in Weiß, ø 0,2 mm, 4 x 12 cm lang
- 4 Holzperlen in Gelb, ø 1 cm
- 5 Schaschlikstäbchen
- Acrylfarbe in Hellgrün
- Chenilledraht in Gelb, 10 cm lang
- Motivsticker: Biene, Schmetterling und Marienkäfer, ø 2–2,5 cm
- Konturenschere: Rundzackenschnitt
- Heftgerät mit Klammern

VORLAGE
Bogen 3A

1 Alle Kartonteile nach Vorlage zuschneiden und die Schaschlikstäbchen in Hellgrün bemalen.

2 Das Punkte-Krepppapier für den Blumenkasten 4 cm breit und 1,40 m lang zuschneiden, in viele, ca. 5 mm breite Fältchen legen und diese mit dem Heftgerät kräftig zusammentackern (siehe Anleitung auf Umschlagseiten).

3 Die fertige Krepprüsche unter den weißen Kartonstreifen kleben und 2 cm unterhalb vom Rand mit der Konturenschere abschneiden. Den Streifen auf den Blumenkasten kleben und mit dem Schmetterling schmücken.

4 Für die Glockenblumen je einen Krepppapierstreifen (6 x 60 cm) in viele Falten legen und heften. Die fertige Rüsche unter die mit Filzstiftpunkten bemalte Blüte kleben, rund schneiden und zwei mit Perlen beklebte Papierdrähte von hinten ergänzen.

5 Für die Osterglocke einen 4 x 50 cm großen Krepppapierstreifen zur Rüsche heften. Diese mit Heißkleber zu einer Rolle kleben und mittig auf der Blüte fixieren. Den Chenilledraht zum Verdecken der Heftklammern darüberkleben.

6 Für Margerite (Weiß) und Löwenzahn (Gelb) jeweils einen 5 x 70 cm langen Kreppstreifen zuschneiden, in Falten legen und mit dem Heftgerät nah am Rand heften. Die fertigen Krepprüschen zum Kreis kleben und mit der Konturenschere rund schneiden. Die Blüte des Löwenzahns wird zusätzlich fransig eingeschnitten. Die mit Lackmalstift bemalten und mit Stickern verzierten Innenkreise nun so aufkleben, dass keine Heftklammern mehr zu sehen sind.

FRÜHLINGSBOTEN

7 Die Blüten an den bemalten Stäbchen ankleben. Alle Blumenblätter mit zwei Innenschnitten versehen und auf die Schaschlikstäbchen schieben. Die Blumen als einzelne Blumenstecker verwenden oder mit Heißkleber unter dem Blumenkasten fixieren und als Fensterbild mit Nylonfaden aufhängen (ohne Osterglocke kann es auch am Fenster angeklebt werden).

19

Frühlingsgrüße

mit frischem Spargel und Erdbeeren

MOTIVHÖHE
ca. 29 cm

MATERIAL
* Fotokarton in Rot und Eierschalenfarbe, A4
* Tonpapierreste in Weiß und Hellgrün
* 14 Klebepunkte in Gelb, ø 8 mm
* Motivlocher: Blüte, ø 2,5 cm
* Organzaband in Rot, 6 mm breit, 80 cm lang
* Holzperle in Weiß, ø 1 cm
* evtl. Mobilefolie, 0,2 mm stark, A3

VORLAGE
Bogen 3B

1 Den Kranz aus sechs einzeln gearbeiteten Spargel/Erdbeer-Bündeln zusammensetzen. Als Hilfsmittel und zur Stabilität können Sie evtl. einen Ring aus Mobilefolie als Unterlage verwenden, es geht aber auch ohne.

2 Jeder Bund besteht aus zwei Spargeln, zwei großen und einer kleinen Erdbeere mit Grün, zwei Blüten und drei Blättern. Die Spargel mit hellgrünem und rosa Buntstift sowie mit weißem Lackmalstift bemalen und nach Vorlage aufeinanderkleben. Die Erdbeeren mit gelben Lackmalstiftpunkten bemalen. Aus grünem Tonpapier eine Blüte lochen und in drei Teile schneiden (siehe Vorlage). Die beiden größeren Teile als Blätter unter die großen Erdbeeren kleben, das kleinere Teil unter die kleine Erdbeere. Die Erdbeeren am Spargel ankleben.

3 Zwei weiße Blüten lochen, mit gelben Klebepunkten bekleben und zusammen mit den grünen Blättern nach Vorlage am Bund befestigen. Ebenso wie diesen fünf weitere Bündel herstellen.

4 Die sechs Bündel mithilfe der Vorlage zu einem runden Kranz zusammenkleben. Entweder die Bündel nacheinander mit Heißkleber auf den Mobilering kleben oder, ohne Verwendung von Folie, den Anfang des einen Bündels auf das Ende des nächsten kleben. Legen Sie sich den Kranz zuerst schön rund und passend zurecht, und fangen Sie dann erst mit Klebepads und Heißkleber zu kleben an.

5 Für das Schild den roten Kartonkreis am Rand mit gelben Punkten bemalen. Das helle Schild beschriften, grün schattieren und mit zwei weiteren Blüten bekleben. Beide Schilder aufeinanderkleben und am oberen Rand lochen.

6 Das Organzaband halb durch das Aufhängeloch führen und verknoten. Beide Bandenden durch die Holzperle ziehen und wiederum verknoten. Den Kranz zwischen beide Bänder legen (evtl. hinteres Band ankleben) und diese an den Enden zum Aufhängen ein letztes Mal verknoten.

Mein Tipp für Sie

Auffädeln mit Nähnadel Zum Durchziehen der beiden Bänder durch die Holzperle können Sie auch eine Nähnadel verwenden.

DEKORATIV

Wenn Sie bestimmte Papierteile oder -kanten mit Buntstift schattieren, verleihen Sie Ihrem gebastelten Tierchen einfach mehr Lebendigkeit.

Die Schleife an der Schwanzspitze ist ein witziges Detail und sollte nicht fehlen.

Miezekatze mit Gutscheinherz
süßes Muttertagsgeschenk

MOTIVHÖHE
ca. 21 cm

MATERIAL
* Fotokarton in Gelb, A3
* Fotokartonreste in Orange und Rot
* Transparentpapierrest mit Punkten in Weiß
* 2 Klebepunkte in Weiß, ø 8 mm
* Organzaband in Blau, 7 mm breit, 20 cm lang

VORLAGE
Bogen 3B

1 Alle Einzelteile nach Vorlage zuschneiden. Den Katzenkörper mit Buntstift schattieren und die gepunktete Maserung mit orangefarbenem Filzstift und weißem Lackmalstift auftragen.

2 Die Klebepunktaugen sowie die Nase aufkleben und den Mund mit Filzstift aufmalen. Den Körper nach Vorlage zusammenkleben und das rote Herz mit Lackmalstift beschriften.

3 Drei bis fünf Transparentpapierherzen (Vorlage wie rotes Herz) zuschneiden, in der unteren Hälfte z. B. als Gutscheine beschriften und etwas versetzt so unter das Kartonherz kleben, dass man sie zum Lesen aufblättern kann. Das Herz am Halsband auf die Katze kleben und um den Schwanz eine Organzaschleife binden.

Hinweis: Die Katze kann man auch auf eine große Karte, an ein Geschenk oder an einen Blumenübertopf kleben.

KLEINE AUFMERKSAMKEIT

KUGELRUND

Munteres Ballerina-Schaf
übt Handstand

MOTIVHÖHE
ca. 34 cm

MATERIAL
* Fotokarton in Beige, A4
* Fotokartonreste in Weiß, Pink, Hellblau und Flieder
* Krepppapierstreifen in Weiß, 12 cm breit, 2 m lang
* Transparentpapierrest mit Rankenmuster in Weiß
* 4 Strasssteine in Rosa, ø 5 mm
* Konturenschere: Wellenschnitt
* 2 Klebepunkte in Schwarz, ø 8 mm
* Organzaband in Rosa, 7 mm breit, 15 cm lang
* Heftgerät mit Klammern
* Glitterstift in Türkis

VORLAGE
Bogen 4A

1 Alle Teile nach Vorlage ausschneiden. Die beiden Schalteile mit Glitterstiftpunkten bemalen und gut trocknen lassen. Dann die Enden fransig einschneiden. Den Schäfchenkopf mit Bunt- und Filzstiften bemalen und die Nase sowie die Haare aufkleben. Die Augen aus Klebepunkten anbringen und mit Lackmalstift Lichtpunkte setzen. Das Organzaband zu einem Schleifchen binden und auf der Frisur fixieren. Den Schal unter dem Kopf befestigen.

2 Die vier Beine, zwei davon seitenverkehrt, mit gemustertem Transparentpapier bekleben und darauf die fliederfarbenen Schuhe kleben. Die Schuhe mit Strasssteinen schmücken.

3 Den Krepppapierstreifen auf einer Längsseite in viele, ca. 5 mm breite Fältchen legen und diese mit dem Heftgerät kräftig zusammentackern (siehe Anleitung auf Umschlagseite).

4 Die fertige Kreppprüsche an der Heftkante zu einem zweilagigen, flachen Kreis zusammenkleben. Zweilagig deshalb, damit die Beine später nicht so durchscheinen. Mit der Konturenschere aus dem Kreppkörper eine Kreisform ausschneiden. Als Hilfsmittel hierfür evtl. eine Kartonschablone anfertigen und damit den Kreis vor dem Schneiden mit Bleistift aufzeichnen.

5 Den Schäfchenkopf mit Heißkleber so auf dem Kreppkörper festkleben, dass keine Heftklammern mehr zu sehen sind. Die Beine nach Vorlage von unten ergänzen.

Meine Tipps für Sie

Schäfchen-Stecker Dafür benötigen Sie einen Krepppapierstreifen von 7 cm Breite und 80 cm Länge. Dieser wird ebenso wie beim großen Schaf in viele kleine Fältchen gelegt, geheftet und zu einem (einlagigen) Kreis zusammengeklebt. Den kleinen Kopf genau wie den großen anfertigen (Augen hier aufmalen) und auf den Kreppkörper kleben. Fertiges Schäfchen an einem bunt bemalten Schaschlikstäbchen fixieren.

Ohne Krepppapier geht's auch Ein teilbares Pappei weiß anmalen und den kleinen Schäfchenkopf an der Spitze ankleben. Fertig ist eine kleine Verpackung für österliche Geschenke.

Verspielte Bienenkinder

genießen ihre freie Zeit

MOTIVHÖHE
Figuren ca. 20–28 cm
Kette ca. 90 cm lang

MATERIAL
* Fotokarton in Gelb und Schwarz, A4
* Fotokartonreste in Weiß, Pink, Grün und Blau
* Transparentpapierrest mit Punkten in Weiß
* Lackdraht in Schwarz, ø 0,5 mm, 6 x 5 cm lang
* Satinkordel in Grün, ø 4 mm, 90 cm lang
* Nylonfaden

VORLAGE
Bogen 4A

1 Alle Einzelteile zuschneiden (siehe Umschlagseite). Die Körper, Köpfe, Stachel und Flügel der Bienchen sind alle identisch, nur die Gesichter und die Anordnung der Teile ist unterschiedlich.

SUMM, SUMM, SUMM

2 Die Glockenblume und fünf Blätter mit Buntstift bemalen. Die Bienenkörper mit orangefarbenem Buntstift schattieren und nach Vorlage mit schwarzen Kartonstreifen bekleben oder mit schwarzem Filzstift bemalen. Auf die schwarzen Flächen mit weißem Lackmalstift Punkte, Kreisel oder Blüten aufmalen.

3 Die Köpfe mit Bunt- und Filzstiften gestalten, die Nasen und die Haare aufmalen. Die Enden der Drähte mit einer Zange zu Spiralen biegen und je zwei mit Heißkleber als Fühler hinter die Köpfe kleben. Die drei Bienen nach Vorlage und Abbildung zusammensetzen. An den zweiarmigen Bienen nur die Hände und Armenden auf bzw. hinter dem Körper befestigen, sodass die grüne Kordel hindurchgezogen werden kann.

4 Die linke Biene nach Vorlage an der Glockenblume ankleben. Die Blume an die Kordel kleben und zwei Blätter mit Heißkleber ergänzen. Die mittlere Biene auf die Kordel ziehen und weitere Blätter fixieren. Die letzte Biene anbringen und die Kordel hinter ihrem Kopf festkleben.

5 Das Kordelende zu einer kleinen Schlaufe knoten und das letzte Blatt ergänzen. Einen Nylonfaden mit Heißkleber hinter die linke Biene kleben und zum Aufhängen eine weitere Schlaufe knoten.

Wenn Sie wie hier keinen karierten Karton zur Hand haben, können Sie einfarbiges Papier ganz einfach mit aufgemaltem Karomuster aufpeppen. Verwenden Sie dazu die Buntstifte.

Lichtpunkte oder -striche setzen Sie immer am besten mit Lackmalstift in Weiß.

Mümmel und Hasi
schwer verliebt

MOTIVHÖHE
ca. 32 cm

MATERIAL
* Fotokarton in Braun und Weiß, A4
* Fotokartonreste in Rosa, Pink, Gelb, Hellgrün, Hellblau, Orange und Hautfarbe
* Kunststoffblüte mit Perle in Rosa, ø 2 cm

VORLAGE
Bogen 4B

1 Alle Teile nach der allgemeinen Anleitung auf Karton übertragen und zuschneiden. Die Füße für jede Figur einmal seitenverkehrt anfertigen.

2 Die hautfarbene Schnauze des braunen Hasen mit Filzstift und rosa Lackmalstift bemalen und die Nase aufkleben. Die beiden Halstuchteile mit Buntstiftkaros bemalen und unter der Schnauze befestigen.

3 Die Arme auf den Körper kleben und zwei Ostereier unter den Händen fixieren. Die Schnauze auf dem Kopf anbringen und darüber die Augen aufmalen.

4 Unter den Arm des weißen Hasen ein grünes Ei kleben und den Arm sowie die Hose auf dem Körper befestigen. Den zweiten Arm nur mit einem Filzstiftstrich andeuten. Die rosa Schnauze ebenso mit Stiften bemalen, mit einer Nase versehen und auf dem Kopf festkleben. Die Augen mit Filzstift aufmalen und am Ohr das Blümchen ergänzen.

5 Den weißen hinter den braunen Hasen kleben. Die Ohren hierzu, wie auf der Abbildung zu sehen, ineinanderschieben und verkleben. Die braunen Hasenfüße mit hellbraunem bzw. die weißen Füße mit rosa Buntstift bemalen und rechts und links sowie überlappend in der Mitte ankleben. Nun noch zwei weitere Ostereier seitlich ergänzen, fertig!

UNZERTRENNLICH

EINFACH LIEB

Mariechen Käfer
mit Pusteblume

MOTIVHÖHE
ca. 39 cm

MATERIAL
MARIECHEN

* Fotokartonreste in Rot, Weiß, Schwarz, Hellblau, Orange, Hellgrün und Gelb
* Musterpapierrest in Rot-Weiß kariert
* Transparentpapierrest mit bunten Farbpunkten
* Holzperlen in Rot (2 x) und Gelb (1 x), ø 1 cm
* Papierdraht in Schwarz, ø 0,2 mm, 2 x 8 cm und 2 x 3 cm lang (kleiner Käfer)
* 2 Knöpfe in Pink, ø 1 cm
* Bindfaden in Weiß, 35 cm lang

GESCHENK
* Fotokarton in Rot, A4
* Fotokartonrest in Weiß
* Papierdraht in Schwarz, ø 0,2 mm, 2 x 4 cm lang
* Pompon in Rot, ø 7 mm

VORLAGEN
Bogen 4B

Mariechen Käfer

1 Alle Einzelteile ausschneiden. Den Kopf mit Filz- und Buntstiften bemalen und die Nase sowie die Haare aufkleben. Die langen Papierdrähte mit roten Perlen bekleben und hinter dem Kopf fixieren. Die Löwenzahnblüte entlang der Linien einschneiden und zwischen den Fühlern auf dem Kopf platzieren. In den Kragen einen Schlitz schneiden, den Kopf durchstecken und von hinten festkleben.

2 Das Kleid mit Filzstiftpunkten bemalen, Flicken und Tasche aufkleben. Die hellblaue Rüsche sowie die Arme unter dem Kleid befestigen und den Kopf von oben ergänzen. Die Beine unter dem Kleid fixieren.

3 Die Pusteblume aus Transparentpapier mit weißem Lackmalstift umranden und auf die Blume kleben, den Stiel von unten ergänzen. Die fertige Blume auf den Arm kleben und die Hand darüber fixieren.

4 Den Kopf und die Punkte des kleinen Ziehkäferchens mit Filzstift aufmalen und das Gesicht mit Lackmalstiften gestalten. Die Fühler von hinten fixieren und den Käfer auf den Wagen kleben. Die Räder mit den aufgeklebten Knöpfen von vorne ergänzen. Mit der Lochzange ein Loch stanzen, den Bindfaden einziehen und verknoten. Den Käfer mit dem Bindfaden an Mariechens Hand anbinden. Am Fadenende die gelbe Perle auffädeln und mit einem Knoten sichern.

Geschenk

1 Die Vorlage der Schachtel auf Karton übertragen, ausschneiden, alle gestrichelten Linien mit dem Cutter anritzen und umknicken.

2 Die Schachtel mit schwarzen Punkten bemalen, füllen und verschließen. Dazu erst die Lasche durch den Schlitz stecken und dann die beiden Flügel ineinanderschieben. Den Kopf bemalen, mit Nase und Fühlern bekleben und auf einem der Flügel fixieren. Der Kopf kann auch auf ein passend bemaltes Osterei geklebt werden.

Mein Tipp für Sie

Papierdraht anmalen Wenn Sie keinen schwarzen Papierdraht zur Hand haben, können Sie ganz einfach andersfarbigen Draht mit wasserfestem, schwarzem Filzstift anmalen.

Christiane Steffan veröffentlicht seit 2001 Bücher zum kreativen Gestalten. Papier zählt dabei zu ihrem Lieblingsmaterial, weil es so wahnsinnig vielseitig ist. Die gelernte Einzelhandelskauffrau für Bürobedarf lebt mit ihrem Mann, zwei Hühnern und diversen Kaninchen in Walldürn im Odenwald. In ihrer Freizeit liest sie gerne, mag Kino, Nähen und Malerei und hält sich mit der Kampfsportart Wing Tsun fit.

TOPP – Unsere Servicegarantie

WIR SIND FÜR SIE DA! Bei Fragen zu unserem umfangreichen Programm oder Anregungen freuen wir uns über Ihren Anruf oder Ihre Post. Loben Sie uns, aber scheuen Sie sich auch nicht, Ihre Kritik mitzuteilen – sie hilft uns, ständig besser zu werden.

Bei Fragen zu einzelnen Materialien oder Techniken wenden Sie sich bitte an unseren Kreativservice, Frau Erika Noll.
mail@kreativ-service.info
Telefon 0 50 52 / 91 18 58

Das Produktmanagement erreichen Sie unter:
pm@frechverlag.de
oder:
frechverlag
Produktmanagement
Turbinenstraße 7
70499 Stuttgart
Telefon 07 11 / 8 30 86 68

LERNEN SIE UNS BESSER KENNEN! Fragen Sie Ihren Hobbyfach- oder Buchhändler nach unserem kostenlosen Kreativmagazin **Meine kreative Welt**. Darin entdecken Sie vierteljährlich die neuesten Kreativtrends und interessantesten Buchneuheiten.

Oder besuchen Sie uns im Internet! Unter **www.frechverlag.de** können Sie sich über unser umfangreiches Buchprogramm informieren, unsere Autoren kennenlernen sowie aktuelle Highlights und neue Kreativtechniken entdecken, kurz – die ganze Welt der Kreativität.

Kreativ immer up to date sind Sie mit unserem monatlichen **Newsletter** mit den aktuellsten News aus dem frechverlag, Gratis-Bastelanleitungen und attraktiven Gewinnspielen.

IMPRESSUM

FOTOS: frechverlag GmbH, 70499 Stuttgart; lichtpunkt, Michael Ruder, Stuttgart
PRODUKTMANAGEMENT, TEXT UND LEKTORAT: Monique Rahner, Tina Becker
DRUCK: frechdruck GmbH, 70499 Stuttgart

Materialangaben und Arbeitshinweise in diesem Buch wurden von der Autorin und den Mitarbeitern des Verlags sorgfältig geprüft. Eine Garantie wird jedoch nicht übernommen. Autorin und Verlag können für eventuell auftretende Fehler oder Schäden nicht haftbar gemacht werden. Das Werk und die darin gezeigten Modelle sind urheberrechtlich geschützt. Die Vervielfältigung und Verbreitung ist, außer für private, nicht kommerzielle Zwecke, untersagt und wird zivil- und strafrechtlich verfolgt. Dies gilt insbesondere für eine Verbreitung des Werkes durch Fotokopien, Film, Funk und Fernsehen.

Auflage: 5.   4.   3.   2.   1.
Jahr: 2012 2011 2010 2009 2008   [Letzte Zahlen maßgebend]

© 2008 **frechverlag** GmbH, 70499 Stuttgart

ISBN 978-3-7724-3727-4 • Best.-Nr. 3727